Por culpa de la poesía

Por culpa de la poesía

Camilo Villota

Primera edición: Mayo, 2024
© 2024, Camilo Villota
Diseño de portada: Catherine Muñoz Gutiérrez
Editora: Daniela Arboleda

No se permite la reproducción total o parcial de este libro ni su incorporación a un sistema informático, ni su transmisión en cualquier forma o por cualquier medio, sea este electrónico, mecánico, por fotocopia, por grabación u otros métodos, sin el permiso previo y por escrito de los titulares del copyright. La infracción de los derechos mencionados puede ser constitutiva de delito contra la propiedad intelectual.

ISBN: 979-832-5891-12-0

Impreso por Amazon Kindle Direct Publishing

Agradecimientos y dedicatoria

A mi familia: Idaly y Jesús. Mis hermanos Francisco, Omar y Andrés, entre otros, pero no menos importantes: mis tíos Jesús, Yesid y Rubiela. Mis primos Lenin, Víctor, Ernesto, Karen y Kevin. Mis abuelos Ligia, Pola y Lorenzo. A Maye y Maricela, a mi querida María Victoria.

A mis ángeles: Blanca y Socorro.

Gracias por enseñarme a soñar.

A mis amados: Alejandro, Lina, Sofia. Ñaña, José Miguel, Diana, Juliana, Natalia y Danyely. Danna, Alvaro, Pipe y Daniela Villamarín. Mi manada Kevin, Oto, Oscar, Harold y Sebastián.

A ustedes gracias por elegirme, por confiar y creer.

Por último, gracias a ti, a quien pertenecen muchos de estos poemas.

Carta del autor

Si estás leyendo esto, es porque gracias a ti, he cumplido un sueño. Este libro es un viaje en el tiempo con mis zapatos puestos, es entender a un chico que no es diferente a nadie, incluso a ti, que me lees: solo he decidido seguir soñando. Pondré en este libro los sentimientos que alguna vez me hicieron sentir vivo, porque sí, soy un individuo que neurológicamente se siente cableado de forma diferente, le cuesta procesar emociones y suele ser incongruente, está en un intenso dialogo consigo mismo para obtener un tratado de paz entre *lo que piensa, lo que dice y lo que hace.* Por ello, no esperes de mis poemas una pluma lúcida y lineal, hay días donde me cuesta más que otros y así estará consignado en este libro.

En estas páginas te dejo mis entrañas, mis huesos rotos, las mariposas que un día mataron o en su defecto, se suicidaron. Te dejo mis noches más tristes, más frías, esas en las que me sentí solo mientras veía por la ventana cómo el mundo avanzaba sin mí. En estas páginas te dejo el hilo y la aguja con las que suturé mis heridas más profundas sin anestesia.

Toma estas letras y vívelas, porque me personifican, porque cada vez que leas o releas en primera persona estaré contándote una de mis historias más tristes. Te daré los detalles, sentirás mis lágrimas en tus hombros y será tu deber comprender que fue lo que hice bien o mal, para no salir ileso de aquel amor. Porque querido lector —Alerta de spoiler— Nunca salgo bien librado y a eso vengo, a contarte que del amor nunca se debe salir sin heridas, porque tanto a ti como a mí, nos han vendido la historia de un amor sin azúcar, carente de especias, aromas y lo más grave, es que nos contaron que está lleno de control.

Cuando te enamoras, dependes, sufres, sobrellevas, aguantas y cargas, no bajo cualquier término, no pasando por encima de ti, ni mucho menos colocando tus emociones en riesgo. Sin embargo, si no procuras el cuidado de ese otro a quien quieres, si no le comprendes, si no tratas de entender su realidad y su contexto, si no le inspiras a ser una mejor versión de sí mismo ¿le estas amando? Si no te cuidan, si no tratan de entenderte, si no te inspiran a ser mejor ¿te están amando?

Es hora de dejar de ver el mar desde la orilla. Para amar se necesitan clases de apnea, es necesario descender a lo más profundo del ser amado y ver que ahí está lo que nadie ve, lo genuino y maravilloso. Cuidado, no en cualquier mar, no bajo cualquier contexto, ya es hora de dejar de nadar con tiburones, salir herido y luego preguntarse porqué pasó.
Yo te exhorto a lanzarte del acantilado, pero no sin equipo de seguridad, mucho menos te invito a arrojarte a esas personas que deambulan con un aviso donde te advierten que saldrás con la existencia rota. Espero no ser mal interpretado, estoy a favor del corazón roto, las lágrimas lacerantes, las noches de insomnio, pero por alguien que valga la pena.

La palabra pena significa *sentimiento grande de tristeza.* Yo espero que, tanto tú, como yo, siempre evaluemos la tristeza que pagamos cuando nos falta alguien a quien amamos para comprender si vale la pena lo que estamos pasando. Si para amar tuviste que poner en entre dicho tus sentimientos, modificar tus gustos más auténticos, tus amigos más amados, tus historias más increíbles: te aseguro que no lo vale.
En este libro te invito a aceptar dicho dolor, a enfrentarte a la soledad, a hacer un conteo de tus golpes y moretones, a pedir ayuda, a comprender que la vida no es fácil, que el amor no es fácil, que muchas veces requeriremos una dosis de terapia, un enfrentamiento con la realidad, una comprensión profunda de la existencia con base en nuestras experiencias.

Así pues, luego de ponerte en contexto, solo te pido una cosa, llévame contigo a todas partes, no me dejes en tu estante, quiero estar contándote todas mis historias en el metro, la biblioteca, en un bar o en un café. Quiero estar lleno de rayas y tachones, quiero ir bajo tu brazo o dentro de tu chaqueta mientras corremos a refugiarnos de una lluvia inesperada, llévame por favor a tus lugares favoritos, déjame conocer tu ciudad mientras me lees. Regálame, recomiéndame o préstame, quizá tu y yo estemos destinados a salvar corazones, a conocer algunos nuevos, a inspirar a algunos cuantos. Por favor, te lo pido, no me pongas en unas manos de las que sientas dudas, no me leas junto a alguien con quien no te arda el alma, no me dejes en una casa donde no te sientas feliz, no me regales a un estante donde no pueda contar historias. Por favor haz lo que te plazca con este cúmulo de papel, pero no me mates, porque yo solo quiero que todo el que tenga este libro diga que está aprendiendo a amar por culpa de la poesía.

CAPITULO I
El enamoramiento

*"La literatura, como cualquier forma de arte,
es la confesión de que la vida no basta."*
— **Fernando Pessoa**

*"Las letras se inventaron para recordar cosas que,
al quedar fijadas por escrito, no caen en el olvido."*
— **San Isidoro de Sevilla**

*"¿Qué es poesía? Dices mientras clavas
en mi pupila tu pupila azul;
¿Qué es poesía? ¿Y tú me lo preguntas?
Poesía... eres tú."*
— **Gustavo Adolfo Bécquer**

Bienvenidos

En este libro no hay mesura del autor.
Todo lo que aquí se plasma es arrebatado,
sin control y siempre duele.

Prepara un equipo de primeros auxilios
no por ti, por mí. Verás en mis letras
mi corazón desangrándose.
Mis músculos rotos, múltiples traumas,
y lo peor, un alma llorando a bocajarro
por esos días donde pude y no lo logré.

De este libro mis sentimientos no se borran
porque vienen de camas, bocas, cuerpos y lágrimas.

Así que, adelante conoce mis fantasmas,
los poemas que creí pésimos,
los que nunca terminé, los más lúcidos,
aquellos a los que les puse un punto entre la cólera
de no entender un sentimiento.

Y no lo olvides,
Si algo de lo que está aquí escrito
te estremece el alma, tú y yo seremos
un no sé qué, unido por un sentimiento
que nos atormentará la vida entera.

La historia de una mujer que quizás, solo mi poesía puede contar

Estoy seguro de que la poesía aún no ha escrito
lo que significa estar contigo. De seguro los hombres
a quienes les ofreciste tu alma y algo más
se dedicaron a vivirte y no contarte,
se enternecieron con el poder
de respirar bajo el agua, de hacerse invisibles,
de sentirse indestructibles, de poder volar
hasta tocar las estrellas que albergan tus ojos.

Quizá maravillados por tu mezcla genuina
entre el cielo y el infierno, decidieron amarte y ocultarte.
Ellos sabían, que detrás de tu esternón hay una artista
que dibuja con acuarelas la vida de su amado
para que se sienta Ícaro, Napoleón, Juana de Arco,
el mar muerto más vivo del mundo.

Quizá, tal vez, alguno de estos ni siquiera
se percató de la Caja de Pandora que tuvo
entre sus manos y te dejó pasar.
Te vendió, te regaló por tres sucias monedas
en una casa de empeño, dejó a tu corazón pagando
a cuentagotas un detective que te pudiese volver a encontrar.

Estoy seguro de esto porque ningún libro me hablo de ti.
Y ahora que te tengo en frente, pasas de largo
para evitar así, quizá, caer en las manos de un poeta
que juegue a cara o cruz con tu amor.
Solo me queda escribir un libro que lleve por nombre:
"La historia de una mujer que quizá, solo mi poesía puede contar"

Expectativas

> *"Que duro es para uno mismo darse cuenta
> de que el amor tantas veces lo inventamos
> como nuestra salvación."*
> — ***Odin Dupeyron***

Te imagino frente al papel
pensándote, pensándome.
Creando a lápiz un mundo
en el que no caben dos almas,
un universo que colisione con otro,
una vida donde mi ausencia
signifique cenizas.

Me detengo para creer
que no sigues mis fantasías.

Porque de ti, espero.
De ti, espero que me hagas descender,
que no me hagas un ala más corta
para que se dificulte el vuelo.

De ti, espero que me encares y me desarmes,
de ti, espero poder irme y aun así decidir quedarme,
de ti, espero un mensaje
de buenas noches y de buenos días.

De ti, espero un abrazo,
de ti, espero tu sonrisa,
de ti, espero mis motivos,
de ti, espero la decencia, el carácter,
la fe y la confianza que he perdido
en el camino que conlleva
llegar hasta a una mujer como tú.

La paz

Miles de soldados van a la guerra,
soñando volver con vida o con la victoria.

Yo pido menos.

Victorioso o fracasado. Vivo o muerto.
Pero en tus brazos.

Alguien como yo

Si pudiese conocerte, si las palabras no se retuviesen
en mi tráquea cada vez que te tengo cerca…
si las veces que sonríes, dejase de ver guerras,
arte, danza, vida, caos, tormenta y muerte.

Si pudiera verte y no jugar con mis ojos,
pues ellos quieren verte y yo intento disimular lo contrario.
Si supiese que hay después de tus miradas,
del saludo cotidiano que no es para mí
sino para el resto…

Heme aquí con el corazón entre mis poemas
pensando en tu nombre y creyendo en su sinónimo: futuro.

Heme aquí pensando en la última vez que me topé contigo,
heme aquí sonriendo por lo mucho que te pareces al universo,
heme aquí creyendo que no soy digno,
sintiendo que si algún día creo en la magia
será porque estoy durmiendo contigo.

No le pido más al destino, solo un golpe de suerte
donde la palabra "tú" persista cuando diga la palabra "yo".
Solo le pido a la vida que nos enrede un tanto la existencia
y nos deje vivirnos por el tiempo acertado,
por las tardes suficientes, por los cafés necesarios.

Solo le pido al mundo, si pudiese conocerte, que confabule
para que tú, un día tengas la valentía de decir que vale la pena
conocer a alguien como yo.

Pensarte

Es una batalla entre un lápiz y mis dedos,
es el aire que le falta al fallecido
es la sangre que le sobra a un asesino
es el miedo de contarte lo que siento.

Por tu mirada

Tus ojos me habitan.
Trato de no darles importancia,
los evito, los ignoro,
hago como si no existiesen.

No obstante, barren con la ciudad
de mis pensamientos, me inundan,
me dejan a la deriva, aferrado a los destrozos,
pidiendo auxilio para regresar a casa.
Esa casa que está cerrada por derribo
esa casa donde me han hecho tanto daño
que no caben más escenas del crimen.

Nadie nos enseña a sobrellevar
la profundidad de una mirada
o una sonrisa que pone los planetas
a girar a contra natura.

Nadie nos enseña a sobrellevar
lo imposible y tú…
tú eres un poco más.

Aún recuerdo
la primera vez que me miraste,
dentro de mí se desató una guerra.
Y yo, simplemente busqué refugio
en los países que podría encontrarte.

Lo que te cuento,
es que llevas un océano en la mirada
y un planeta dentro del pecho
y yo que no sé de navegar
ni mucho menos de viajes en el espacio,
quiero perderme en ti.

Simulacros

Me creía un bombero con experticia
por salvar mi corazón de incendios devastadores.

Hoy que te tengo frente a mí,
Sé que todos esos fueron simulacros.

Sempiterno

Perpetrando el miedo de quererte,
de hacerte mellas en la vida,
me encuentro frente a la idea
de perderte sin haberte tenido,
de dejarte de sentir
cuando junto a ti lo siento todo.

Pensando en lo fugaz que podría ser lo nuestro:
me emociono, me cuestiono, me siento vivo.

No vivirte nunca será una opción,
porque nuestro primer beso
no puede coincidir con el último.

Flotando entre tu recuerdo,
abrazado a tu aroma, la vida no me duele.
Entiendo que asusta, porque lo que propongo
es como un rayo rompe huesos,
nos deja sin pálpito, nos relata una historia.

Sin embargo, que sería de mi
sin llevarme tu cuerpo
perpetrado sobre el mío,
sin saber el gusto de tu sexo,
el aroma de tus pasiones.

Me encuentro extasiado
por lo que puede ser,
mientras del otro lado,
me cuesta seguir la aventura.

Pensándote me encuentro
ad portas de hablarte,
junto al miedo de que todo salga tan bien
y que al final, esa sea la razón para no intentarlo.

Ojalá

Ojalá nunca me dejases,
ojalá pasaras todo un día junto a mí.

Sé que soy prescindible,
tienes mucho más con que contar,
pero sin mí, sin mí no sientes,
sin mis las mañanas son burdas,
sin color, hasta absurdas.

Ojalá el mundo supiese
cuántas veces al oído te he contado historias,
cuántas noches tristes pasamos,
cuántas veces tus recuerdos
más oscuros se posaron en mis hombros,
cuántas veces entendí que el aroma
de tu vida había cambiado,
cuántos días solo fui yo quien tenía
una línea directa a tu alma.

Ojalá la gente supiese,
que cuando estás conmigo
te molesta que te interrumpan
porque apasionarte no es sencillo,
porque valoras tus momentos
maniacos y silenciosos, porque sabes
que conmigo nada es igual 5 minutos después,
porque tenemos la licencia de detener el tiempo,
ir de vuelta a la rutina y nunca,
nunca salir ilesos de una conversación.

Ojalá te enamores y te recites
un poema de amor a media tarde,
ojalá pudiese darte más tiempo de calidad
porque sé que somos lo que escuchamos,
lo que sentimos, porque sé que contigo;
hasta el silencio a música suena.

Así

Así. Como si de ti dependiese mi sonrisa,
la hambruna del mundo,
la supervivencia del mismísimo universo.

Así. Como cuando me abres la puerta a un mundo con solo escucharte.

Así. Se me estremece el alma,
se descomponen mis taras,
se deconstruyen mis ambiciones.

Así pasa el tiempo cuando me observas, así, en silencio.

Empecé a quererte

Te colaste, partiste mis tristezas,
hiciste polvo mis insomnios
y te alojaste en la antesala
de mis pensamientos.

Ahora te siento como un rayo,
como una tormenta sin profecía,
como un beso en la comisura
al dar la vuelta. Era a ti
a quien mis ojos perseguían
de tanto en tanto sin olvidar.

Contigo las penas se alivianan
y no me importa el daño.
Si te vas mañana no importa,
si me odias, me haces daño,
lo hago o lo hacemos,
no me importa.

Contigo paseo por mi alma
sin cadenas y saltando precipicios,
porque mi sentir es un amor
sin pasaporte, sin estructura
ni efectos adversos.

Gracias a ti, la oscuridad
que abrazaba ha desaparecido.
Solo me queda pedirte un día más,
una hora, un minuto, un segundo,
una vida si te sobra.

Porque te colaste
y empecé a quererte,
quizá, la vida entera.

In-seguridad

Solo espero que un día, mientras yo dude que volverás, dé la vuelta y estés ahí para preguntar: *"¿Acaso creíste que no vendría a buscarte?"*

Mi mayor miedo

Te invitaría a un café
si dejaran de temblarme las piernas,
si tuviera la seguridad
de que mis demonios pueden comportarse.

CAPITULO II
La duda

"Si me dices "¡ven!", lo dejo todo..."
— **Amado Nervo**

"Yo moriría por vos. Vos, ¿vivirías por mí?"
— **Silvina Inocencia Ocampo**

*"Existe una cita, aún sin hora
ni fecha, para encontrarnos.
Yo ahí estaré puntual, no sé si tú."*
— **Edel Juárez**

Ladrón de historias

En el metro, en el almuerzo,
en una banqueta, en un café,
en una disco, en un pasillo
o en el McDonald's.
En donde estemos, estoy atento escuchándote,
tratando de entender
lo que sientes.

Dejando a un lado la razón
para justificar tus emociones,
para comprender tus aventuras,
para amar tus decepciones.

Para confesarte, al darte un abrazo, que intento asimilar tus
sensaciones.

Soy yo a quien siempre mencionarán
cuando hablen de un corazón roto
porque llevaré el tuyo a cuestas,
al igual que el de todos
los que me platiquen con él de par en par.

La única manera, al menos la única que conozco,
de hacer de tu dolor algo más libre,
menos pesado, más pasajero,
es dejarte un consejo, una reflexión o una culpa:
robarme tus pesares, ponerme en sus entrañas
y hacer de lo que sientes poesía.

Dudamor

En el amor, cuando se duda: deja de ser amor.
Pasa a ser una masa amorfa de sentimientos
sucios, agrestes y pestilentes.

Certezas

Que será de ti ahora que no sé nada,
que será de ti ahora que tú no sabes nada,
que será de mí...

De mí, sé unas cuantas cosas.
Sé el nudo que me até en la garganta
la última vez que nos cruzamos, aún persiste,
que las voces que me hablasen de ti
alguna vez, hoy ya no existen,
que al verte sin quererlo, sigo queriéndolo.

Debí suponer que la vida continuaba cuando tú te marcharas.

Ahora sé que mi corazón
no es un hostal para viajeros,
también sé que no eras uno de ellos
y cuanto me jode saber que no te quedaste
porque yo no quise que te quedaras.

Hoy, sé que no tengo la más remota idea
sobre qué pasó con nuestra historia,
se cayeron mis fuertes, se destruyó mi castillo
y se rindieron mis ejércitos.

Sé y de eso no tengo duda,
que el actor intelectual de este desastre
fue el amor que te tenía.
Y ahora, sé que no me equivoqué contigo,
me equivoqué en la manera de ser yo al estar contigo.

Sé que dejé todo y volver a reconstruirme
duele, pero no incomoda. Ahora sé que astrolitos
como tu pasan cada miles de millones de años
y, maldigo la hora en supe
que no colisionarías conmigo.

Más no lloro tu ausencia, ahora sé,
que se siente que mi vida tiemble
cuando algo es profundamente bueno.

¿Qué será de mi ahora que sabes algo?,
¡qué será de mi ahora que no se nada!
qué será de ti…

Caudillo

Me había rendido.
Ya no tenía un pelotón
encargado de resistir tus ataques.

No imaginas lo emocionante que es dejarme invadir.

Le temo a tu mandato, a la bendita
costumbre de verte en el poder.
Es que tú a mis guardias adormeces,
a mis miedos asesinas, a mis dudas
destrozas.

Sin embargo, contigo traes
tus fantasmas, los miedos del pasado,
los daños venideros.

Con los brazos arriba y desarmado,
estoy esperando mi turno frente
al pelotón de fusilamiento.
Si disparas no me arrepiento
— La resistencia siempre es heroica —

Si no lo haces, espero, al dar la vuelta, que me des una respuesta.

¿Por qué?

¿Por qué nunca nos cansamos de buscarnos y llamarlo coincidencia? ¿Por qué ahora estamos hartos de encontrarnos y llamarlo mala suerte?

Lo que queremos

A veces, lo que queremos
no tiene puertas ni ventanas, se cae a pedazos.
A veces, lo que queremos cuesta mucho más
que la casa de enfrente, a la que solo
le faltan los muebles a gusto, los cuadros que te describan
y una limpieza propia de la ausencia de un inquilino.

Siempre lo que queremos, se parece mucho
a lo que sentimos, *lo que sentimos no tanto
a lo que hacemos*. Pues qué sería de ti y de mí
sin el mensaje no respondido, sin el complejo
de rescata vagabundos emocionales,
que te quitan todo, para gastarlo todo
y dejarte sin nada.

Lo que queremos, se encuentra
en la silla del psicoterapeuta,
en los libros que evitamos,
en la música que no enseñamos a los nuestros.

Lo que elegimos, termina siendo
lo que encontramos en camas frías, en pieles toscas,
en fiestas nocturnas.

Nos hace noctámbulos, no lo queremos
sino lo que elegimos: lo que queremos
nos hace volar alto, nos permite caer de pie,
lo que elegimos, nos mantiene en tierra,
nos hace perder la fe.

Lo que queremos y lo que elegimos
está entre la estabilidad y la desidia,
entre la seguridad que nos aportan los airbags
y el frecuente afán por compañía.

Lo que queremos y lo que elegimos tienen algo en común…

El vacío en el pecho
que deja estarnos buscando
en cualquier lugar que no sea
nosotros mismos.

Miedo y distancia

Si tú estuvieses aquí,
mis fantasmas no temerían.
Se acodarían, resistirían,
serían soldados dispuestos
a dar la vida.

La vida, sus noches y sus huecos
por ti, por aquel fragmento faltante
que complete a este cuerpo
acostumbrado al dolor.

Si yo estuviese allá,
te enseñaría a invocar el aliento
de los mares del norte,
a desbocar un Pegaso,
a morder las estrellas,
a saborear los sueños.

Te enseñaría a besarnos
sin pensar en qué vendrá después.

Si tu estuvieses aquí o yo allá,
los historiadores perderían tiempo
excavando en Asia, Egipto o Japón,
pues la mejor historia que podría describir
la existencia humana, el universo…
la vida misma nos pertenecería.

No obstante,
como yo estoy aquí y tu allá,
No hay sentimientos que creen leyendas
o besos que pausen el tiempo.

Como tú estás allá,
el miedo de amarte a la distancia
me mantiene aquí.

Cerrado por derribo

> *"Silencio. Aquí se ha hecho ya de noche,*
> *ya tras del cementerio se fue el sol;*
> *aquí se está llorando a mil pupilas:*
> *no vuelvas; ya murió mi corazón."*
> — ***César Vallejo***

Cuando tenía tus maletas en la puerta,
cuando me había desecho de tus fotografías,
cuando había logrado sacar el aroma de las sábanas
y sentarme en el sofá en solitario
y que no me doliera…

Apareciste de golpe.

Sin que estuviese listo,
sin que me lo esperase, llegó tu aroma
a desordenarlo todo.

Tendré que buscar tus huellas por la casa,
poner en cajas todos mis enceres,
llenar de cinta todo lo valioso
porque tu delirante olor
me confronta una y otra vez.

Estoy cansado de haberme enamorado,
cansado de no encontrar un amor como el tuyo,
de morir cada vez que intento explicarme lo nuestro,
de soñar intempestivamente lo que pudo ser y no fue.

Ahora que no me queda de otra,
Incineraré la casa, dejaré de cargar
este cuerpo nauseabundo y febril,
que hasta en su lecho de muerte no deja
de pronunciar tu nombre.

Quizá después de esto me salgan alas
o vuelvas a aparecer tú
para arruinarlo todo.

Cantidad/Calidad

Me dijiste que era tu vida,
que todos los otros cuerpos,
a lo sumo te llevaban a mí.

Las otras bocas, no eran más
que dos cicatrices ajadas
que te recordaban que ahí estaba yo,
Esperándote.

Me dijiste que en otros brazos
siempre hacia frio, que a veces sin mí,
caminar se hacía difícil.

Aun así, seguías marchándote,
dejándome a solas y a la espera,
diciendo "sí" —pero no ahora—

Siempre había que tentar el destino.

Entonces, gracias a ti, entendí
que yo no quiero que me amen mucho
yo quiero que me amen bien.

Por culpa de la poesía

Desde que te conocí, mis poemas ya no tienen cuerpo,
son un arquetipo endeble de una ciudad que me representa,
más una imagen semejante a quien los relata,
una especie de Frankenstein, hecho de dudas:
traído a la vida por tu ausencia.

Desde que te conocí, todas mis letras poseen un sabor umami,
carecen de especias, aceites y concentrados,
ya no arden al ponerlas en las heridas
que me hice intentando buscarte un lugar.

Ya no respiran. Y si palpitan, es debido a que tú
eres el único motivo para que existan.

Desde que te conocí, lo entendí todo,
no son menester las palabras para empalmar dos almas,
se necesitan intenciones para no quedar en ridículo ante el amor.

Desde que te conocí, mis poemas ya no se muestran ante nadie,
ellos no disimulan que llevan tu nombre.
Que desgastante sería ir todo el rato explicándole,
a quiénes nos conocen que todo el amor que te tuve
fue por culpa de la poesía.

De principio a fin

Llevo varios días sin dormir,
nuestro último beso me atormenta.

Debí quedarme con el penúltimo,
o el anterior a ese, o el anterior a ese,
o con el primero que nos regalamos.

Todos debieron ser como ese: de principio a fin.

La historia de un amor bien resuelto

Amarte me costó, en algunos casos,
más de lo que quisiera admitir.
Eras lo que mi alma esperaba
después de tanto dolor.

Entregarme a ti, amarte con locura,
que me amaras de regreso.
Siempre estuvo dándome vueltas,
las vueltas suficientes
como para no empezarlo.

Un cuerpo tan desgastado,
como el mío, no tenía espacio
para las heridas que me generarías.

Temí, todo el tiempo,
porque me romperías la vida
si me atrevía a amarte como quería.

Dudé, casi a diario, volé a mar abierto
hasta que tú de la nada
le colocabas agua al motor,
o me cortabas un ala
o rasgabas mi planeador;
sí, fallé intentándolo
y tú, fracasaste sin probar.

A pesar del miedo, me quedé,
dejé mi orgullo en la litera
y te escribí cada vez que te marchabas
y cada vez que yo también lo hacía.
No descansé,
conocí el insomnio bajo tu guardia.

Creí que así se veía el amor y no cesé en el intento.

A pesar de verte malograr la vida
con aquellas mujeres que intentaste amar,
con los hombres que elegiste siempre
para estar a tu lado,
con todas aquellas almas que te acostaste,
solo con el pretexto de que no te recordaran a la mía.

El corazón hecho pedazos fue lo que me dejó tu historia.

Naufragado, hambriento y sucio,
a bordo de mí mismo me repetí tus hazañas,
con el impulso de mis contusas heridas,
toqué tierra.

Solo bastó que intentases regresar,
para dejar de ocupar un espacio en tu vida,
para evaluarme, para entender
que lo mejor siempre será:
no poner en tus manos mi corazón.

Futuralgia

Ojalá el pasado pudiese dejar de hacerme lento los latidos del corazón, ojalá el presente no se sintiese como una vorágine de situaciones en las que solo puedo improvisar, ojalá el futuro fuese como lo proyecto y lo sueño.

Solo espero, que todo valga la pena, porque me cuesta cuidarme, me cuesta quererme pensando si es la única manera en que un yo del futuro, de un futuro que ni siquiera existe, que ni siquiera sé si seré, pueda llegar a ser pleno y lleno de felicidad.

Porque sería un necio si pienso en la felicidad como una constante, la felicidad duele y obtenerla significa construirla.

Me pregunto qué será de mí a diario. En el metro, camino a casa, mientras corro o mientras escribo en una biblioteca. Lo complejo es darme cuenta que bajar del metro, no llegar a casa, evitar correr o dejar de ir por meses a la biblioteca construye a ese individuo que intento ser.

Pero ser, es lo único que tengo y eso me devuelve a un tormentoso presente donde debo elegir, donde debo vivir, donde debo sentir, donde debo surgir y solo espero que todo lo anterior me vayan haciendo, porque siempre que doy una ojeada hacia atrás: las decisiones que he tomado me han convertido.

Tomo una fotografía y en ella no veo solo lo que está, veo lo que era, a mi amante de turno, a los amigos que tuve, que se marcharon, que alejé. A los hombres, mujeres, discusiones, fantasías, sueños, a las decisiones que me trajeron hasta aquí —A cada una de ellas—.

Ahora no tengo más opciones que comprender quien soy, para que algún día sea más fácil lidiar con quien seré.

No puedo tomar mi imaginación y moldear a mi antojo el futuro, tiende a la fantasía y no puedo lidiar con la perfección de una mujer a quien quiero encontrar, a la fiel camaradería de un congénere que no me quiere defraudar, a contar en la mesa a los familiares que quizá no van a estar.

Me dirás que no me preocupe por el futuro, ya que es incierto. *Carpe Diem* gritaba un yo más adolescente, pero no, no hay presente sin resolver un pasado, si hay futuro al que no sabremos si vamos a llegar, pero él sí llegará, seguro y a mi pesar y al pesar tuyo el presente, es la única herramienta que tenemos para añorar el futuro y luchar por él. Si bien nos va el futuro, en el minuto siguiente, se nos volverá presente y lo que es presente dejará traumas, conflictos y complejos no resueltos, viviremos ahí en esta constante y entrópica dinámica por resto de la vida.

Así que preocupemonos, la vida se nos abalanza y lo único que tenemos para hacerle frente es a nosotros.

La diferencia entre y tu yo

Mientras yo me rompo, tú te recompones.

Mientras yo lloro, tú sonríes.

Mientras tú te posas sobre amores eternos,
yo sigo en el mismo lugar donde me dejaste.

CAPITULO III
La vida

"Hay que ganarse la vida dicen ganársela como si fuera un partido de vencedores y vencidos ganársela como si la vida no fuese lo único que sólo podemos perder."
— **Escandar Algeet**

"Fui a los bosques porque deseaba vivir deliberadamente; enfrentar solo los hechos esenciales de la vida y ver si podía aprender lo que la vida me tenía que enseñar.
Quise vivir profundamente y desechar todo aquello que no fuera vida... para no darme cuenta, en el momento de morir, de que no había vivido."
— **Henry David Thoreau**

"A veces hay que elegir entre el dinero y la felicidad. Aunque la felicidad no sirva para nada."
— **Mario Mendoza**

Esto no es un poema

Acabo de volver de una fiesta. En aquel lugar, vi a la chica que me atrae. A la que aún no se lo he dicho, elegir una y otra vez a aquel chico que a pesar de que tiene todos los problemas que ella evita, le ofrece la adrenalina suficiente para seguir con vida. En este momento, solo me pasa por la cabeza que, ojalá pudiese plantarme frente a ella y decirle que soy lo que su alma ha pedido durante tanto tiempo, que no hay otro hombre en este minúsculo planeta que esté dispuesto a hacerla más feliz que yo. Que la entiendo, que hemos platicado lo suficiente como para saber que lo que tiene dentro de su alma, le viene bien a la mía, que no me da miedo el amor si se trata de ella, que soy entre este cúmulo de hombres apagados y sin luz: el hogar, la seguridad, la apuesta a la que siempre ha tenido miedo de enfrentarse.

No obstante, me tiemblan las piernas. Solo de pensar en intentar manifestarle seis letras conjugadas perfectamente, para dejar mi corazón en sus manos: "Me gustas". Sugerirle que mis sentimientos existen no es lo más difícil del asunto, lo más difícil es que detrás de aquella aseveración se esconde otra palabra, más severa, menos indulgente, de esas que rayan entre la felicidad y la tristeza, entre la admiración y la lastima.

Elígeme.

Hoy me he parado a pensar solo en eso ¿Qué se siente que te elijan? No, no voy a hacerme víctima donde también he sido victimario. Pocas veces, debo admitirlo, he tenido ese lugar alto, sagrado, desde el cual una persona nos pide que le elijamos. Personas que, en retrospectiva, eran maravillosas, tenían lo suficiente y más para hacer de nuestra vida un universo funcional, un mundo sin contaminación global. Tenían la capacidad de hacer de un río sucio y turbio, un manantial pacífico y cristalino. ¿Qué pasó? Lo de siempre, demasiados sentimientos o no los suficientes. Nos aterroriza la seguridad, por ello pinchamos los airbags, detenemos el auto y damos vuelta, nos cortamos las alas e incluso nos aterrizamos para tener la desfachatez de contarnos que todo ello puede ser cualquier cosa, menos amor.

Hoy aquella chica, a la que nunca elegí, pasa por mi cabeza.

No tengo la menor idea de dónde está, con quién se encuentra o si se habrá enamorado de alguien como lo hizo de mí. Sin embargo, tengo una certeza: si le hubiese elegido, como ella lo hizo conmigo, yo hubiese sido feliz. Quizá ya no estaría a mi lado, quizá sí, quizá el mundo me doliese menos los domingos por la tarde y no estaría escribiendo esto por tener su cuerpo desnudo junto al mío pidiendo una peli más, un poema más, un polvo más.

Siempre que tenemos al frente la oportunidad de ser felices, solo nos queda dudar de si lo merecemos, de cuánto nos costarán esos instantes llenos de la más profunda alegría. No me arrepiento de como venimos cableados, yo no tenía las herramientas suficientes para elegirla en aquel momento, preferí la adrenalina que ofrece el acantilado del riesgo al lanzarse sin equipo de seguridad, preferí la velocidad, el chute de emociones que lleva el tener algo que sabes que no te quiere ahí más de 5 minutos.

Ya ven, no siempre estamos listos para reconocer los besos, las citas, las conversaciones, el sexo con la felicidad. Al parecer nos han relatado muchas veces que la vida debe ser difícil. Todos en algún punto tendremos que permitirnos ser elegidos y permitirnos elegir, la segunda, resulta condicionada por las herramientas que tengamos en el momento, que por lo general nunca son lo suficientemente buenas para tomar la decisión correcta o la menos tormentosa.

Hoy me causa conflicto el pensar cuándo llegará esa chica a la cual no tendré miedo de elegir, porque ella ya me habrá elegido o mejor aún, que ambos tengamos la seguridad de sabernos elegidos por el otro.

Es imposible, al menos de esa manera lo veo, con las herramientas que tengo, con mi tendencia a elegir, con el miedo de que no sea elegido. Por esa razón, esto no es un poema, porque no puedo sublimar de ninguna manera nuestras malas elecciones, nuestros pésimos patrones de conducta condicionados por la sociedad, nivel socioeconómico y sobre todo temor. Ese miedo tan terrible que nos envuelve cuando tenemos cerca la posibilidad de ser felices. Es mucho más sencillo ser un yonqui de las relaciones fugaces, agobiantes, dependientes, que al final, después del subidón nos dejan hechos pedazos.

Sé que aquella chica que estaba al otro lado de la pista, justo ahora, conmigo sería tremendamente feliz. Sé que también lo sería sin mí, sin embargo, hoy besa a alguien más porque así lo eligió, porque ella es libre y eso es lo que al final del día, me gusta. No le he pedido que me elija porque quizá ahorrarme el rechazo me haga estar en paz y contarle lo que siento, un tonto más.

Sería mejor contarme que esto no es poesía, quizá sea el miedo de que al decirle termine enfrentándome a la felicidad.

Quizá a eso es a lo que, en verdad, le tengo miedo.

Sin tiempo de descuento

Ojalá la vida, nos dure hasta
cuando el amor se convierta en un toro
que tengamos que tomar por los cuernos.

Ojalá la vida, nos dure para llorar
la muerte de uno de los nuestros
hasta que dejemos de sentir latidos
e inicien campanadas.

Ojalá la vida, nos dure lo suficiente para vivirla,
para dejarla desgastada, sucia y vencida.

Ojalá que, nos dure lo necesario
para encontrarnos un día a la muerte
y no pedirle minutos de sobreagregado.

A quien corresponda

Dejando la lata del energizante de turno
en la basura, me encontré un poema dentro.
Aquella mujer le escribía a aquel hombre
lo de siempre, que le amaba.

Ella le contaba, en sus letras, cómo
cambiar el mundo, congelar el universo,
replantear las leyes de la física.
Seguro él no se planteó entender la metáfora,
descifrar las comas, comprender el sentimiento.

Desde luego, una bocanada de suerte tuvo
que cruzarme la mirada para que a mí, quien
no tengo la menor idea de quién era
la artífice, le diese las lágrimas que merecía.

Porque no, el amor no es así querida mía,
algunos nos marchamos a tiempo
y dando las razones. Otros confían
y aman, se dejan todo:
otros cuantos a pesar del miedo lo intentan,
el de turno, como muchos otros, se llevó
tu corazón y ahora solo a ti, como a todos
alguna vez, te corresponde recuperarlo.

Dejo este poema, en el mismo bote de
basura donde encontré el tuyo, si de seguro
lo encuentras, espero lo entregues
a quien corresponda.

Un día más

Y un día más
y aguantar
e intentar quererme
y la verdad,
se me está complicando.

Los clavos

Un clavo no saca a otro clavo,
a veces se quedan los dos.
Pesan, fastidian y queman,
llevan al sufrimiento, a buscar
culpables en alma propia.

No existe garra de martillo
que te permita sacar lo que
un amor te hizo y, si lo intentas
pesa, fastidia, quema,
lleva al sufrimiento y a juzgar
por culpable a alguien más.

A ese dolor hay que hacerlo nuestro,
ponerle un nombre y dejarlo dentro,
conviene no sacudirlo, aunque escueza.
Vale la pena contarlo, llevarlo de compras,
invitarle a un helado
y en el transcurso… aprender.
Aprender que nada
en la existencia humana es justo,
que no hay nada más impredecible
que una relación interpersonal.

Hay que vivirlo apasionadamente,
el tiempo es corto y el dolor es inmenso,
no cabe el miedo a que duela
cuando llegue al final.

Hay que empezar a devorar el sentimiento,
a intentarlo procesar, con hiperfagia,
sin analgesia, con lo que nuestra alma
nos pueda otorgar.

Un clavo no saca a otro clavo,
dejar adentro los que corresponda
hace verdaderamente nuestro
todo lo que nos sucede,
porque sin ellos, no somos nada,
con ellos nos vamos haciendo.

Libertad

Suéltate el pelo, despéinalo un poco,
grita fuerte, llora en silencio,
folla con ansia y regala un orgasmo,
ríe con todos, baila a tu antojo y besa lento.

Si te sobra algo, después de tanto, vuelve a intentarlo.

Conocerme

En la voz de aquella mujer a la que nuca invité.

No te acerques que me pesan
los fantasmas del pasado,
los amores fracasados.

No me pidas un numero
No saludes, pasa de largo.
Te vendría bien conocer
el infierno después de muerto.

Si en verdad quieres sentarte aquí,
espero entiendas que me enamoro fácil,
que el futuro no me asusta,
que tengo el pecho abierto
para que me hagas daño o me des cariño.

Solo me quedan unas cuantas monedas
para un café o un par de cervezas.

Tú escoges. Una noche memorable o me dejas sola un poco más.

Escribo

Supongo que escribo, por lo que escribí en la página anterior, porque siempre tuve miedo de invitarle un café a la persona correcta.

Amores imposibles

Primero tendríamos que preguntarnos porqué o qué los hace imposibles, la respuesta, a mi parecer, es el fracaso. Fracasar no nos hace poco más o poco menos, es un portazo de realidad que de cuando en cuando nos corresponde. A cada quien le toca uno o más en proporción a su relación con el mundo que lo rodea.

Esa sensación de poder tenerle, saber que estás o estuviste tan cerca te hacer pensar en la luna, en Francia o Italia, una cabaña, poca luz, escasas prendas y una noche en ese círculo maravilloso: la vida entera.

Nuevamente, la realidad nos pone a todos en un lugar coherente, entendemos que no hay dinero para ningún París, mucho menos para rentar una cabaña y la persona con la que planteamos una vida entera, desgraciadamente, no siente absolutamente nada por ti.

Si te diste cuenta como suelo hacerlo (tarde) ya tienes inundado el corazón de un amor unidireccional, de un cúmulo de sentimientos que tu alimentas con lo poco que la persona que "te gusta" suministra inconscientemente y que te maravilla a sobremanera. Ahí no está lo difícil, lo difícil es cuando te marchas, cuando sabes que lo mejor que te puede pasar es dejar de ver a esa persona, de saludarle, contarle, escribirle. Lo que más duele es el síndrome de abstinencia post-amor imposible que debemos cargar como un duelo que no tiene solución.

No puedes hacerle duelo a algo que no te pertenece, no puedes hacerle duelo a un amor que nunca empezó, es impensable que tu corazón sane de algo que no tienes heridas, que no sangra. Por ello lo imposible no es el amor, es olvidar algo, que, para ti, pudo ser memorable.

Entonces, te armas de valor y avanzas. El tiempo que todo lo cura y al final no cura nada, es el único consuelo de quienes hemos creído en los imposibles.

Nunca deja de doler, los años pasan y ver a ese alguien siempre será igual a ver Italia, cabaña, ropa y amor. Lo más desalentador será la pregunta ¿Por qué yo no? y tendrás derecho a sentirte no elegido, a sentir que fracasaste, que podrías haberlo dado todo. Ahora, corresponde entender que, no es tu culpa no ser elegido, no es tu culpa no poder darle todo a alguien que crees maravilloso, porque si, es una elección más de un otro que tuya.

No te diré que vendrá algo mejor, porque quizá esa persona era lo mejor, puede que no te topes con nadie como aquel o aquella, sin embargo, no te eligió, así que: hay que continuar.

Alguna vez coincidiremos con alguien que quiera dejarlo todo, no tengo duda que así se siente la felicidad. Como dos almas que quieren dejar todo en el campo de batalla, como dos individuos que desean que les duela la vida de tanto usarla y no de tanto ocultarla.

Influenciador

> *"El mundo se está convirtiendo en una caverna igual que la de platón: todos mirando imágenes y creyendo que son realidad."*
>
> — *José Saramago*

No todo aquel que genera contenido tiene moral.
Cuidado con hacer de sus ideas un estilo de vida.

El rechazo

Siempre lo sabes,
después del primer mensaje
después de ser ignorado
después de tener que dejar
tu dignidad entre la almohada.

Siempre lo sabes,
que no es posible amar intensamente,
a quien te clava un puñal de ansiedad
en el pecho y se marcha
y vuelve y se marcha y vuelve.

Siempre lo sabes
al ser el bufón de turno,
al ser un personaje más de tantos,
otro de los muchos que lo intenta,
otro de los muchos que siempre está,
de los que siempre fuerza,
de los que nunca posibilidad tiene.

Siempre lo sabes,
desde que se percibe el rechazo,
desde que se alarga el tiempo
y que se acorta el de aquel.

Siempre lo sabes,
siempre sabes cómo se siente.

Entonces, ¿por qué te sigues quedando?

¿Cómo entender?

Cómo entender,
que nada dentro de mi está dañado.
Ahora todo consiste
en quien se atreva menos,
en quien armonice
con tu cama, conducta,
actos o pensamientos.
En quien aparente
aunque por dentro este vacío,
en quien ame, aun sin comprender
qué significa hacerlo.

Pasos para crear un corazón de piedra

Valóralo, lo suficiente como para que se enamore.
Abre sus puertas, sacude el polvo, organízalo un poco, no tanto.
Acomoda tu ropa en el cuarto principal,
siéntate en su sala a ver tu programa favorito,
cuéntale tus gustos, tus miedos más profundos, tus sueños más indómitos.
Quédate a dormir en tus noches tristes,
escríbele cuando te sientas solo,
haz de ese corazón tu terapeuta.

Luego, cuando sientas que hiciste lo mencionado anteriormente.

Huye.

No dejes más de un beso,
no empaques todos los abrazos que le diste,
deja algunos "te quiero"
y olvida tu ropa, tus perfumes, deja unos tenis bajo la cama.

No olvides decirle que es grandioso pero que no puedes corresponder,
que valoras mucho ese espacio como para quedarte a hacerlo trizas,
oculta tu cobardía,
dile que ya no lo necesitas,
que ya encontraste alguien más.

Di lo que se te ocurra,
para que no te sientas culpable.

Cierra la puerta para que no logres ver las lágrimas
que lo inundaran desde adentro.
No des vuelta, te aseguro
que si te detienes,
te embargará el aroma a tierra y roca recién forjada.

Tu trabajo ahí habrá terminado.

Alma de boxeador

El amor y yo nos debemos unas cuantas. Soy su *sparring* favorito, el golpea y yo recibo. La última vez que lo intentó, cansado, le devolví el golpe. No lo he visto desde entonces. Ahora que hace estragos entre amigos y familia no sé si invitarle para sentir de nuevo sus golpes, para comprobar si se ha vuelto la mierda que todos pintan.

Hay que marcharse

También he estado en tu lugar
y me ha costado entender
que la dicotomía no viene de afuera,
viene de adentro. No es quien amas,
el obstáculo eres tú, quien no ha logrado
comprenderse.

Te vas así nada más, habiendo disfrutado
el tiempo pasado, agradeciendo
la estancia, disculpando la ausencia.

No echaste a perder el tiempo
intentando enamorarte:
lo hiciste y si no surge
hay que marcharse.

No se somete al universo
al que quisiste a acciones
imprudentes, a un personaje
que debe leerse entre líneas,
a conversaciones atiborradas
de mensajes fríos, al limbo
de desconocer
que es lo que quieres.

No hay consecuencias
si se llega a tiempo,
si no cargas un muerto
y le llamas amor.

Admítelo, confiesa tu incapacidad de amar
aunque te duela, aunque le extrañes
aunque su falta te exhiba los huecos que alguna vez
abriste o te abrieron aprendiendo a querer.

No esperes a que exista alguien más,
a besar otra boca, a tocar otro cuerpo
para tener un pretexto con el cual terminar.

Va a doler. A quien amaste no es piedra,
dilo fuerte y con dulzura.
No permitas que alguien persiga tu corazón
cuando sabes que ya no está allí.

Sé valiente y confiesa
que no quieres estar,
que ese sea tu último esfuerzo.

Literatura juvenil

Nos quitaron las comas, los puntos.
Nos escondieron las reglas,
nos hablaron de complejidad,
nos abrumaron con métricas,
nos enseñaron a rimar.

Nos obligaron a usar palabras confusas,
complejas, ininteligibles, decadentes, antiquísimas.
Nos arrebataron la opinión y contaron su historia
con el objetivo de dejarnos sin memoria.
Nos medicaron para evitar escuchar
las voces esquizoides de un corazón.

Lo más grave: nos echaron al vertedero
con nuestras palabras hechas pedazos,
con nuestras almas maniacas,
con nuestras lagrimas inexplicables,
con nuestras emociones amnésicas,
con nuestras vidas al borde de morir.

Nos quitaron todo
pero no quemaron nuestras partes.

Nos ofrecimos como terroristas suicidas,
nos armamos de las comas de aquel,
de los puntos de aquella,
de la métrica de otro y desmontamos
su estética, su complejidad y su arquetipo.

Al hacerlo descubrimos sentimientos:
lloramos, sentimos, recordamos, aprendimos
y supimos que íbamos a vencer.

Les apedreamos los salones lujosos,
les usurpamos las editoriales de renombre,
les tomamos a punta de palabras emotivas
sus prestantes premios.

Nos tildaron de impropios,
nos acusaron de rebeldes,
nos dieron una categoría alejada de la suya,
nos dijeron que lo nuestro no era poesía.

Lo más divertido, fue quitarles el trono
con nuestras almas a bocajarro,
con nuestras emociones nostálgicas,
con nuestros sueños a flor de piel
con el acceso que ustedes y sus palabras
jamás pudieron obtener.

Nos quitaron todo,
y nosotros nos regalamos lo que quedaba
ahora que lo nuestro es literatura,
esperamos que les duela
que nos lean intelectuales y analfabetas.

¿Dónde encuentro la felicidad?

Para encontrarla,
hay que dejar ir en su búsqueda.

Hay que dejar de buscarla
en los rincones de los bares,
en las esquinas de las discotecas,
en los billetes de la semana,
en los besos de turno,
en el sexo perpetuo.

No está en el viaje que deseas realizar,
no está en el smartphone del año,
en las notas fuera del promedio,
ni en tus amigos, ni en tu mascota
ni en la literatura de culto,
ni en las salas de cine.

Tiene un arquetipo
mucho menos complejo,
una fama que no se merece
y sobre todo, se convirtió
en esa partícula del aire
que si no se encuentra:
hace colapsar los pulmones.

El amor y la felicidad
tienen algo en común,
tocan las puertas, las ventanas,
hacen ruido y desaparecen
de la misma manera en que llegan.

No puedes buscar un tsunami,
una tormenta. No puedes predecir la lluvia,
mucho menos el calor de la mañana.

Esperas con instinto animal su llegada,
con paciencia, dejas que pasen
las horas, que se acomode el mundo
porque si tiene que venir, vendrá.

Si no viene que la zurzan,
que se replantee y se deconstruya.
Porque si, no es imprescindible.

Lo importante al final del día,
al final de la hora,
al final del minuto,
al final del segundo,
es poder creer que el día,
minuto y segundo siguiente
solo te puede ofrecer serenidad.

La chica del metro

La chica de metro sonríe y murmulla.
La bocina anuncia la dirección a las estrellas
y yo que no puedo ni cruzar la puerta,
ya me encuentro perdidamente enamorado.

La chica del metro cuenta a sus amigas
la historia de su último encuentro.
Y yo solo pienso en la fortuna que tuvo aquel hombre.

La chica del metro desconoce que, yo,
un hombre promedio, dentro de una vida promedio
le quiere como si de un ángel se tratase. Sin embargo,
la chica del metro siempre se baja en la misma estación,
me quedo esperando que mañana la vida coincida,
para intentar algún día poder comunicarme.

La chica del metro, hoy tuvo su primera clase de anatomía.
Su uniforme demarcaba su figura y por suerte, su nombre
Yo, que nunca había conocido el sustantivo de las galaxias:
aquel día encontré sus letras entre las arterias de mi corazón.

La chica del metro hoy llora, llora por amor.
El tren se detiene en la estación de intercambio, pero mi corazón y yo
tómanos caminos distintos.

La chica del metro hoy lee Baudelaire, ayer a Elvira
y seguro mañana a Rupi, Benedetti o Neruda.
Y yo, entiendo que está reparando su corazón,
escribo este poema para contarme lo cobarde que soy.

La chica del metro hoy vuelve a sonreír, va sola
y con sus auriculares a tope, creyendo en la vida
y en ella un poco más.
Y yo, perdidamente encandilado creo en el amor,
creo en humanidad y en ella, que es todo lo anterior.

La chica del metro se ha vuelto a enamorar,
hoy habla con los suyos de aquel chico
que promete amarle sin más.
Y yo, ¡Que irascible me siento!
confió en que aquel
le haga más feliz que sus amores del pasado.

La chica del metro ha vuelto a llorar,
tal vez porque no entiende el porqué del amor
y yo, que tampoco lo entiendo quiero decirle
que no es su culpa, que la vida es ensayo y error,
que no nos queda más que volver al punto cero
y si nos quedan ganas: *volverlo a intentar*.

La chica del metro hoy vuelve a leer,
con sus audífonos puestos, de poesía llena su ser.
Y yo, que la observo desde puerta, vuelvo a creer.

La chica del metro levanta la mirada, me observa
y sonríe. Al salir del vagón me percato,
ambos leemos a Marwan.

La chica del metro hoy no aparece,
la bocina anuncia la dirección a las estrellas
y yo espero encontrarla mañana
y así contarles en el próximo poema,
que conocí a María.

El eje de un mundo

Hoy al día no se le caen los minutos,
no hay cabida para la tristeza,
no se esconden los abrazos
y las sonrisas se nos vuelven valientes.

De seguro, un día como hoy
Dios tuvo descanso
y admiró la estética de su creación.

Estoy seguro que un día como hoy
empezamos a creer en la magia,
se nos acabaron las excusas,
vendimos el alma ante el amor,
nos robamos los sueños de otros
para cumplirlos.
Un día como hoy,
nos invitaron a unas cuantas copas
y terminamos en una cama de hotel.

Hoy no es un día cualquiera.
Es tu día.

Y celebran las pitonisas,
las científicas del mundo,
los hombres que estuvieron entre tus piernas,
las mujeres a las que besaste,
los padres a los que dejaste,
las experiencias a las que te negaste.

Hoy celebran tus complejos, tus proyectos,
tus amigos, los poetas y la fotografía.

De seguro un día como hoy
cumple años el mundo,
porque cumples años tú,
que eres el eje en el cual gira.

La culpa es de la lluvia

> *"Este mundo, que lo aprieta a uno por todos lados, que va vaciando puños de nuestro polvo aquí y allá, deshaciéndonos en pedazos como si rociara la tierra con nuestra sangre. ¿Qué hemos hecho? ¿Por qué se nos ha podrido el alma?"*
> — *Juan Rulfo*

Llueve y todos nos abrazamos.
Llueve y la vida se hace pequeña,
llueve y no hay huella de amor
en el mundo, que cubra
todo el amor que necesitamos.

Llueve y a todos, como si de papel
se tratase, se nos diluye el alma.
Se va por los desagües de una
ciudad industrial que nos exige
levantarnos temprano, laborar
hasta más allá del ocaso y, que nos
regala un día a la semana para soñar
lo que siempre hemos soñado.

Llueve y por los lavabos de la
existencia, se nos va el tiempo.
El secador de manos nos arroja billetes
como premio de consolación.
¿Y a dónde van nuestras horas perdidas,
nuestros pasatiempos pospuestos,
nuestras ganas de escribir un poema,
de pintar al ser amado,
de leer ese libro favorito?

Llueve y pesa la maquinaria corporal,
sentimos las vísceras porque era salir
temprano o desayunar.
Llueve y el aroma a piso mojado,
a alcantarilla, a ventana oxidada,
a pasiones descosidas no viene del mundo,
porque el mundo siempre ha estado así.

Llueve y solo hay cabida para la melancolía.
No hay salones felices, cubículos vehementes,
oficinas eutímicas.
Hay un cúmulo de individuos,
con un sentir común: sabernos miserables.

Llueve y la vida, el mundo, la casa,
nuestro trabajo, mis sueños, los vuestros,
el aire, el tiempo, los viajes, el salario,
los abrazos y todo lo que nos conforma, duele.

Quizá sea culpa del sistema,
de la avasallante sensación de fracaso,
del vivir para trabajar
y no del trabajar para vivir.

Tal vez la sociedad tenga la culpa,
nosotros, la vergüenza de admitirlo,
pero mientras podamos, todo esto,
será culpa de la lluvia.

Indicación de psicoterapia

Está bien querer dejarlo todo,
me siento aferrado a personas,
al maldito hecho de no superar,
de no avanzar, de extrañar,
de no sentirme bien conmigo mismo
de tanto en tanto.

No sé cómo me siento,
la vida no me luce,
la felicidad se me esconde.
Me encuentro abrazado
por demonios que no he comprendido,
aceptado y creído.

¿Dónde dejar lo que soy o dónde encontrarlo?

Desconozco como sentirme pleno.
Tal vez un antidepresivo estaría bien,
quizá la comodidad de casa
o la virtud de desaparecer para el mundo.

No sé cómo evitar
la intención de que nadie sepa de mí.

Mañana me han de encontrar
sumido en la mierda
que llamo yo mismo,
en una rutina de mierda,
con una autoestima de mierda,
con unos sentimientos de mierda,
con unas sensaciones de mierda,
con una forma de existir de mierda.

¿Quién podrá sacarme de aquí
que no sea yo, ni Dios, ni nadie?

Ignoro cómo salir,
cómo hacer de mis demonios una escalera
hacia la constate estabilidad mental,
no sé cómo soltar esas cadenas
que tienen nombre propio y volver a la vida.

Sobrevivir ya me sabe a humo de bar barato.

Para ser grande

Nadie tiene la vida comprada.
Todo cambia en un abrir y cerrar de ojos,
sin que te des cuenta.

Así que no grites, no ofendas,
no juzgues, no humilles.
Sé noble, íntegro, sincero.
Llora, ríe, salta, ama.

Pero, sobre todo: sigue siendo tú mismo.

CAPITULO IV
El amor

"Ella le preguntó por esos días si era verdad, como decían las canciones, que el amor lo podía todo. «Es verdad», le contestó él, «pero harás bien en no creerlo»."
— **Gabriel García Márquez**

"Me acuso a veces de ser incapaz de amar. Tal vez sea cierto, pero he sido capaz de elegir algunos seres y reservarles fielmente lo mejor de mí, hagan lo que hagan."
— **Albert Camus**

"Qué dilema que el amor de tu vida venga con la misma portada que el que te la arruinó."
—**Camilo Ortiz Enciso**

Mis poemas

Quisiera poder contarles que mis poemas vienen en frasquitos de pociones que compro en el supermercado de la esquina. Son una mezcla absurda entre las mujeres que han pasado y no he querido que se marchen, las que se quedaron cuando yo sin duda quería emprender la huida. Están llenos de malas decisiones, de sentimientos dicotómicos que me llevan a pensar siempre en la misma chica, de ilusiones por quien aún no conozco y probablemente nunca logre conocer. Se componen de madrugadas con nombre propio, de amores que se volvieron amistades a fuerza de fusil, de corazones rotos, de abundantes sonrisas, de mucha terapia, del consejo que tomé y de los muchos que dejé pasar. Se conforman de un cúmulo de emociones que no paran de golpearme el pecho y pedirme que las escriba.

Mis poemas, a lo sumo, son mi vida diluida en muchas, pero muchas, lágrimas.

El sabor del amor

Después de medianoche,
a eso sabe el amor.
A sentimientos claros.

Al amor no le puedes mentir,
porque a eso sabe un enfrentamiento
consigo mismo cuando uno se calla,
porque el amor es fiel a lo que sentimos,
porque sienta las bases y pone la paz
del conflicto declarado
entre el corazón y la conciencia.

El amor sabe a lo que saben tus fluidos,
porque también viene de ti, porque al amor
hay que masturbarlo, hay que vomitarlo,
hay que llorarlo.

Al amor hay que sudarlo
sobre otros cuerpos, ya sea mientras
se folla o se abraza.

El amor sabe a felicidad,
el amor sabe a sabiduría.

El amor sabe a ti y al contexto en el que lo sientes.

A eso sabe el amor a ti,
a nosotros, a quien lo provoca.
Basta con ponerlo entre tus labios
para evocar a quien pertenece,
basta con no serle fiel
para que se eche a perder.

Empecé a quererte

Te colaste, partiste mis tristezas,
hiciste polvo mis insomnios
y te alojaste en la antesala
de mis pensamientos.

Ahora te siento como un rayo,
como una tormenta sin profecía,
como un beso en la comisura
al dar la vuelta. Era a ti
a quien mis ojos perseguían
de tanto en tanto sin olvidar.

Contigo las penas se alivianan
y no me importa el daño.
Si te vas mañana, no importa.
Si me odias, me haces daño,
lo hago o lo hacemos,
no me importa.

Contigo paseo por mi alma sin
cadenas y saltando precipicios.

Mi sentir es un amor
sin pasaporte, sin estructura
ni efectos adversos
y gracias a ti, la oscuridad
que abrazaba: ha desaparecido.

Solo me queda pedirte un día más,
una hora, un minuto, un segundo,
una vida si te sobra. Porque te colaste
y empecé a quererte, quizá,
la vida entera.

Mientras estés

Abro la mirada al espacio
y todo está a oscuras;
oscura mi cabeza,
oscura mi historia,
oscura mi estructura,
oscura mi existencia.

Doy vuelta y observo
los lunares de tu espalda,
el aroma de tu cabello,
la anatomía de tus labios.

En ese instante, entiendo
que mientras estés,
sabré como se siente
tener la vida llena de matices.

¿Cómo te digo?

¡Me he enamorado!
Sé que lo creías imposible.
Una vida tan indómita,
un alma tan dañada
¿y que llegase a entregarse así sin más?

¡También lo dudaba!
Intenté hacer caso omiso al sentimiento
y huir de él: casi le gano la carrera.
Faltando poco para salir del angustiante
mundo de las emociones, di vuelta
y la vi…

¿Cómo no quedarme?
llevaba la llave de mi vida en sus manos,
la magia había encontrado una definición
    —Su sonrisa—
Mis suspiros habían encontrado un propósito,
       —Su cuerpo —

No logré dar más pasos hacia adelante,
solo quería correr a sus brazos
que no me eran esquivos,
a sus labios que me eran dosificados.

Sé que con esto no te digo mucho,
es que no puedo darte tantos detalles sin
enredarme en mi mismo.

¿Por qué?

porque sé que nunca me querrá, al menos
no como yo le quiero. No imaginas
cuanto me cuesta confesarte
que no significó mucho para ella.
Y voy a limitarme a correr hasta que se
vuelva un fantasma.

¿Cómo te hablo de ella sin al menos llorar
un poco? ¿Cómo te cuento que he jugado
con su cabello sin sentirme la persona
con peor suerte del mundo?

¿Cómo te cuento que me he enamorado?
sí, es de ti de quien hablo.

Alguien más

Estando tan cerca,
al ver tu mirada distante,
sé que piensas en alguien más.

El amor

No sé si idealizarte, la verdad.
O realizarte la mentira
lo único que sé, es que el amor duele.

Está diseñado para hacernos vulnerables,
dependientes, amables y felices.

Y duele. Cuesta porque cuando está,
hay tierra, mares, sol, fuego, hielo,
luces, sombras, mariposas
y fantasmas de múltiples colores.

Y duele. Cuesta porque cuando
se marcha hay fango y desdicha,
dejan de haber mares
para haber lágrimas y dejan
de existir los matices
para que haya oscuridad,
y eso incomoda, quema.

Para el amor hay que estar dispuesto
y recibir guantazos, resistir la ausencia,
disfrutar los besos y comprender complejos,
huir cuando sea necesario.

No sé si esconderte la verdad
o revelarte una mentira.

El amor, que es el más humano de los humanos,
irónicamente es el que siempre se pone en tus manos,
el que siempre te hará entender que siempre,
el amor, será permitir que alguien
blanda una espada sobre tu cuerpo sin inmutarte.

Mundos diferentes

Dos mundos diferentes.
Mundos diferentes.
Diferentes.
Me repito camino a casa
cada vez que me despido de ti.

Lo grito cada vez que te abrazo,
cada vez que te tomo de la mano,
cada vez que te doy vuelta
sin razón, sin motivo
simplemente porque la vida es bella,
porque lo es cuando te tengo al lado.

Dos mundos diferentes.
Mundos diferentes.
Diferentes.
Me repite un amigo al confesarle
que estoy enamorado de ti.

Porque si, mis sentimientos
tiene un nombre,
y me aprietan el cuello.
Me tienen al borde de la asfixia,
porque no puedo inspirar este cúmulo
de sueños que te quiero hacer vivir.

Dos mundos diferentes.
Mundos diferentes.
Diferentes.
Me repite un corazón desvivido
al verte ahí sentada, perfecta,
sonriendo, besando, amando a otro.

Pues aquel si pertenece, no desencaja.
Pues aquel jamás sentirá tu hogar
como un palacio o una selva,
Pues aquel tiene mundo,
Pues aquel es finamente gracioso,
te besa con cautela, te folla con elegancia.
Pues aquel te adorna la vida
y nunca la incómoda.

Dos mundos diferentes.
Mundos diferentes.
Diferentes.
Me repite esta alma estúpida,
que ya se ha entregado
y a mí no me queda más
que tirar con fuerza
para traerle de vuelta.

Dos mundos diferentes.
Mundos diferentes.
Diferentes.
Eso somos, amigos, eso somos,
diferentes mundos, eso somos,
el tuyo y el mío, jamás el nuestro, eso somos.

Tal vez sea eso.
El amor aprendió de economía
y por ello se ha vuelto clasista.

No te reconozco

Cuéntame quién eres,
relátame lo que queda de aquella mujer
que escondía un alma indomable.

¿Dónde dejaste aquella dama
de conversaciones largas y deseos cortos?,
dónde está la inconversa con alma de santo,
aquella señorita que de mi pecho
hacía brotar universos.

En qué desván la colocaste,
en qué caja en desuso la introdujiste,
en qué cama la perdiste, en qué oración
al Dios de nuestros padres, la encarcelaste
para olvidarla y no dejarla volver.

Dime dónde está para darme a la tarea
de encontrarla, para recobrar algo
de eso que nunca fue mío,
y que nunca fue tuyo después de todo.

No importa el norte, el destino o el daño,
no hay hombre que se comprometa a amarte
y salga ileso.
Ileso no porque duela,
ileso porque en tus besos se aprehende,
en tus curvas se vive, en tu sexo nace.

Déjame buscarte
porque no te reconozco
y a pesar de ello, aún te siento.

Decepción

¿Que si fallaste? Un poco.
Ese no es mi dilema,
tú decides que hacer con tu vida,
yo, donde pongo mis expectativas.

Ponerlas en ti fue fallar en gran medida.

Se nos ha terminado

Intensamente, aguerrido
llameante y utópico.
—Eso fue amarte—

Sentir que me amabas,
significaba poseer pase libre
a todas las capitales del mundo.

Ahora se ausentan los sustantivos,
prescribe el pase de abordar
y el amor se nos ha terminado.

La estupidez humana

> *"[...]Dime: ¿qué harías si alguien te persiguiese como un poseso?*
> *—No sé, ¿Correr?*
> *— ¡Exacto! Tal vez los sueños corren porque no dejamos*
> *de perseguirlos."*
> **— Cesar Brandon Ndjocu**

No nos cansamos, nunca nos rendimos,
nunca desistimos. Creemos en eso de ir en contra
de nuestro criterio, de nuestros pensamientos profundos,
porque nos enseñaron que la vida era saltar paredes,
vencer miedos, sentirse invencible: apostar y siempre ganar.

Omitieron que solo se pueden saltar los muros
que no digan prohibido el paso, que el miedo no es
un lobo hambriento, sino más bien, un perro fiel
del cual fiarnos cuando tensa los músculos,
levanta las orejas y fija la mirada.

¿A qué viene este complejo de valientes?
Nos quedamos donde nos están echando,
rogamos atención de quien busca atención
de alguien más, que a su vez también busca atención.

Nos hemos vuelto mendigos
de quien no tiene nada para ofrecer.
Y lo peor, es que no somos pobres.

Adelante alma jovial,
busca el beso de quien no desea el tuyo,
surca un mar que no esté hecho para ti,
pon toda tu energía en enamorar a otro,
al que solo le interese un juguete con el cual poderse relajar.

Ve y busca un tesoro mitológico que a mi pesar no has de encontrar,
no te rindas si es tu sueño el triunfar. Solo te pido que no le llames
"Casi algo" "Amor imposible" "Polvo frustrado" "Mujer de tu vida"
"Sueño agónico" a un arsenal de emociones recogidas
en un sustantivo: Capricho.

Y es que sí. No merece la pena
justificar tus mentiras en mis poemas,
llamarle sentimiento sublime a tu adicción,
a devorar almas que huyen de la tuya.

No sé si tú, pero yo me he cansado de la estupidez humana.

Quién iba a pensarlo

Frente a mí, una chica sonríe. Intenta dejar su carmín en las mejillas del amado, quien cordialmente cede mientras posa su mano sobre sus nalgas. Sonríen, se ven felices, han encontrado la piedra angular de la vida: el amor.

Doy vuelta. Me topo nuevamente con una pareja, esta vez, mesurada, radiante y paciente. Ellos no necesitaban demostrarse afecto, dibujan un amor tibio y a la medida de sus personalidades, tal vez al estar en la penumbra de la habitación, no haya imaginación que nos logre dilucidar el amor desenfrenado, los sexos palpitantes, la pasión insensata. No sonríen. Sin embargo, su mirada brilla, ellos saben que juegan contra la vida y plantearon un esquema que va a la defensiva.

Menudo error encontrarme ahí pensando en mí. Menudo drama sentirme en la boca de una trituradora. Corrí, mi alma se quedó entre esas dos parejas y me suplicó auxilio a la distancia. Yo solo pude pensar en la soledad, en esa necesidad de huir de ella y me pienso débil, me pienso imperfecto y burdo como un mal chiste contado por la vida, como un planeta enano que deja de ser de interés astronómico, como un hechizo inútil de bruja estafadora.

Me embarga la melancolía y me pregunto qué es el amor ¿Consigues responder a esa pregunta? Yo no. Porque cuando pienso en amor, pienso en la calma de aquellos y la vehemencia de los otros, porque cuando pienso en amor, veo hojas en blanco en las cuales debo improvisar con la mano atada a la de alguien más.

Llego a mi destino y pido la mesa de siempre. Aquel postre ya no me sabe a felicidad, tampoco viene con sonrisas, le hacen falta un par de conversaciones profundas, una pizca de vulnerabilidad, una crema de sentimientos, y una chispa de buenos momentos.

Quién iba a pensarlo. Te extraño y no es la mesa, el lugar o las personas. Es el tiempo. Son aquellos instantes donde me permitías conocer lo poco que quedaba de mí.

CAPITULO V
La transición

*"La crisis se produce cuando lo viejo
no acaba de morir y lo nuevo
no acaba de nacer."*
— **Bertolt Brecht**

*"(...) Pero te quiero, siempre te
quiero, cuando no te convengo,
cuando no me soportas, cuando
te odio, te quiero."*
— **Alejandra Pizarnik**

*"Pienso en ti muy despacio
como si te dibujara dentro de mí
y quedaras allí grabado."*
— **Elena Poniatowska**

*"¿Acaso existía un anhelo humano más triste
–o más intenso– que desear una segunda
oportunidad en algo?"*
—**Haruki Murakami**

¿Qué rayos pasa conmigo?

Me desconozco,
soy un individuo impredecible,
de dos caras, de dos vidas,
un ente entre una multitud,
de los mismos que no comprende
por qué, cómo, de qué manera.

Con el corazón hecho polvo
y con la única forma de construirme
entre las manos,
vengo a hablarte mares, de turbulencia.

Tenemos un problema
y lleva por nombre amor:
desconozco si se me ha negado
o de tanto buscarle
ya teme que lo encuentre.

Cansado de pegarme por partes
y quedar cada vez más,
como una masa amorfa de porcelana,
me rindo a cada instante.

Estoy cansado de amar profundamente
a quien busca a alguien más,
a quien besa alguien más,
a quien tiene a alguien más.

Estoy cansado de no poder amar
a quien lo deja todo por mí,
a quien se desvive,
a quien se queda
aunque tenga que marcharse,
a quien me pide noches enteras
y no solo minutos,
a quien está y no le teme a la huida.

Porque sí, a pesar de que todos creemos
saber qué es el amor, no lo reconoceríamos,
aunque nos escupiese en la cara.
Nos han contado que posee máscaras,
que debemos idealizarlo
y si aparece, más vale hacerle reverencia.

Lo he encontrado sentado en una mesa,
sin la valentía suficiente, he echado a correr.

Lo he buscado en discotecas
y con la vehemencia que me sobra,
me he marchado porque sé que teme emerger.

Ese es el amor al que jugamos,
o al menos, al que juego yo.
Un amor estúpido que se enamora
de lo que le falta, que llora la ausencia
de alguien que no le corresponde,
que idealiza y grita, que sabe lo que quiere.

Por otro lado, siempre huyo
de quien pide mis afectos,
me digo que no estoy listo,
me percibo débil,
me abrazo a otros cuerpos
para justificar mi libertad,
para engañarme una vez más.

Al parecer, me conozco,
soy un individuo impredecible.
De dos caras, de dos vidas,
un amante y un amado poco coherente
lleno de lo que mi terapeuta llama
"Patrones de conducta"
y yo, solo logro llamar amor.

Sanarnos

Todos somos médicos en su momento.
Sabemos al menos de suturas,
reducciones abiertas,
shock cardiogénico,
disnea de grandes amores.

Solo nos falta quien nos haga
exponer el corazón a pecho abierto
para sacar así, nuestro mayor talento.

La luna

Estaba ahí, a la distancia,
y otorgaba una calma indescriptible.

Estaba ahí y solo quería que la vida
dejase de moverse, que todo
se colocase en pausa.

Estaba ahí, entre más la observaba
más detalles le encontraba.
Intenté tomarle una fotografía,
Fue inútil.

Estaba ahí, solo me limité
a disfrutar su compañía.
Ahí es cuando te das cuenta
de lo gigantesca que se ve
y de lo lejos que está.

Estaba ahí, vi como las nubes
se movían, supe que pronto
dejaría de verla. Entendí
que ese momento era finito.

Ya no estaba ahí y mientras
los viajes a la luna no existan,
tendré que esperar el siguiente mes,
el siguiente eclipse, el siguiente día.

Tal vez por eso se me parece tanto a ti.

Tú

Vuelven los insomnios,
las tardes tristes,
las noches ahogadas en pensamientos
que inician siempre
en el segundo pronombre del singular,
ese que solo se referirá
a ti.

Mensaje directo

Creo que me dolería más tu respuesta
que tu ausencia,
me causa más miedo
lo que puede pasar que lo que no.

Mientras en otras ventanas
me suplican que conteste,
yo solo quiero escribir…
escribir sin respuesta,
escribir que te extraño,
que no dejo de verte,
que no dejo de pensarte.

Por favor, no contestes.
Sería el peor antídoto
para mi corazón.

Déjalo que muera,
déjalo en shock y sin respuesta,
declara la hora de su muerte y avanza.

No vale de nada un corazón psicótico,
apegado al pasado, enamorado de la nada,
palpitando a cuentagotas,
contando hematíes para terminar el día.

No le pongas adrenalina,
no le des respiración boca a boca
que pueda confundir con tus besos,
no le des compresiones
si cuando vuelva a latir por sí mismo,
te vas a marchar.

Por favor detén al equipo de salvamento
déjame aquí, junto a los míos
no me salves, no hagas de mi
un cuerpo vegetal.

Deja que muera,
deja que todo lo que llevo dentro
siga su curso y repose en tierra,
déjame en esta esquina
sucia y entrópica de mi cerebro,
no me obligues a volver a creer.

Porque si contestas,
me veré obligado a confiar en mí
a salir del ensimismamiento y soltar.

Siente mi pulso, me tienes en tus manos,
a mí ya no me queda nada,
decide si quieres ser tú,
el último argumento
que me quede para seguir con vida.

El tiempo todo lo cura

Dejaré que el tiempo vaya cuesta bajo para que dejes de dolerme. Abrazaré mi alma para que no se me escape, para sentirme vivo, para entender que el amor es eso, aferrarse a la transitoriedad de alguien que en algún momento creímos valdría la pena.

CAPITULO VI.
El desamor

*"Así es todo: organizado y yerto brota el amor,
crece, se desparrama, se hunde, vuelve la oscuridad
en la que, previsto y bien envuelto, yacía."*
— **Antonio Gala**

*"Que te rompan el corazón está bien,
al final a todos nos gusta armar rompecabezas...
Pero que se lleve las piezas, eso sí es jodido."*
— **Charles Bukowski**

*"Es absolutamente erróneo
suponer que los demás están
en condiciones de comprender
nuestros sentimientos más profundos."*
— **Yukio Mishima**

*"No me esperes esta tarde,
porque la noche será negra y blanca."*
— **Gérard de Nerval**

Mi primera vez

La primera vez que la vi, era de madrugada,
cruzó sigilosamente la habitación de mis padres
y se sentó en el borde de la cama.

—No les negaré que estaba nervioso—

Se posó sobre mi cuerpo, hizo temblar mi epidermis,
enmudeció mi corazón, desinhibió mis emociones,
me besó. Dejé los miedos en el estante, me creí Cervantes,
Siddhartha y Epicuro. La tomé entre mis manos,
la abrí de par en par y le pedí que se viniese.

Ella, sin temor a mi incompetencia trajo a flote
mis recuerdos más anginosos y me dijo: escribe.
Dejé la poca razón que me quedaba y me dediqué a sentir.

Lloré profundamente sobre una libreta
mientras me sangraba el alma,
mientras reparaba moretones de la infancia
mientras hablaba de mi primer desamor.

Era la primera vez y me decía escribe,
escribe que desde tu génesis sabías que serías poeta
escribe que no importan las metáforas, los signos o los puntos.

Vomita lo que sientes, sé un médium, un artista, un bohemio.
Vomita, tu vicio no será el alcohol, será la vida
y sus efectos secundarios serán de lo peor.

Desde aquella primera vez,
supe que mi pluma siempre iba a estar triste,
porque eso sería lo que describiría mi poesía:
un constante desencuentro entre el que soy
y el remedo de quien vive.

Aprendí a quitarle el tiempo a los segundos

> *"mi amor se nutre de tu amor, amada, y mientras vivas estará en tus brazos sin salir de los míos."*
> *- Pablo Neruda.*

De repente, estoy sentado sobre un sofá viejo, usado por los años, maltrecho de destinos. Tu nombre se posa sobre mi boca, mis manos, mis sueños eternos: no porque duerma, sino porque cuando apareces, no deseo levantar.

Entonces no levanto los párpados, aunque escuche el mundo a mi alrededor, así como no he podido levantar mi amor desde el día en que lo dejamos en la superficie de nuestras realidades, así como no levanto las sonrisas del espíritu, como no levanto este cuerpo inerte sin vos.

Mujer, te entrego el corazón mío que dejo enredado en vos, que te acompañe. Llévalo lejos, llévalo a bares y esquinas perdidas del mundo, llévalo a los destinos que no podés cumplir conmigo porque él si quiere vivir. Conmigo está muerto, conmigo no anda, conmigo se queda guardado entre la ropa sucia, entre los libros del semestre pasado, entre las alondras que quisieron ser águilas y hoy son polluelos.

Mis emociones también te las regalo, quédate con ellas, estafaría a la vida si las tomara para transformarlas, en ellas está tu feminidad, tu ser mujer, en ellas estas vos para vos, en ellas me he quedado noctambulo esperando que se hagan cursivas, que me giñen el ojo y quedar de nuevo a tus pies.

El resto de nuestra historia tampoco me pertenece. Podría evocar la magia, la inmensidad del ser, las lagunas que mis ojos fabrican al pensar que ya no estas, podría evocar a los mirmidones que acampaban en las estrellas de tus ojos o a los indígenas que fumaban tu aliento para sentirse en paz, evocar a los druidas, al espíritu del bosque y decirte que todo ello es poco en comparación con un beso tuyo, pero todo ello ya está en vos...

Mujer te amo. Una vez, por cada segundo de los minutos de las horas que pienso en vos, y así es el amor, yo me derrito escribiendo cada te amo, para que tú te los saltes.

Poema hecho a tres manos con Otoniel Anaya y Kevin Sebastián Alegría

Mi corazón

Se sentó en la mesilla
y le invité un café,
le di las razones.
Le conté que tu mirada
se dirigía a otro lado,
que no nos elegirías.

Lloró.
Me pidió que lo intentase
que no me rindiera:
no imaginas cuánto me costó mirarle,
decirle que ya era tarde,
que teníamos que marcharnos
y procurar recoger
lo que dejamos por el camino.

Tomó sus cosas y se marchó.
Desde aquel día no he vuelto a verle
y me hace falta.

¿Está contigo? ¿Me lo devuelves?

Camino para olvidarte

Estoy sentado en el bordillo de un parking,
apegado a la soledad, recordándote.
De repente, todo me duele: el aire, el frio,
los momentos, el pasado, la luz, la carretera,
los autos.

Sin pensarlo, la tierra inicia a girar más lento
o yo a pensar más rápido. A lo que tú llamas ansiedad,
yo lo llamo mi superpoder para notar tu ausencia.
De repente, un coche de policía se aparca frente a mí,
bajan dos polisones y preguntan si estoy bien.

No sé cómo explicarle a un poli que no estoy bien,
que estoy pegado a esta silla de concreto
porque me pesa y me duele el corazón.
Que sí, estoy en peligro, las próximas horas son críticas
porque cuando dejé de sentirte: no sé si lograré seguir con vida.

Seguramente me dirá que estoy tonto,
que de amor nadie se muere,
que de amor no se llenan las cárceles.
De seguro lo dirá porque te desconoce,
estoy seguro, porque si te conociera, si te oliera
si te percibiera, si te mirara,
entendería el porqué de esta hiperalgesia.

Les repito numerosas veces que estoy bien,
me ven extraño, nadie que llore
de la manera que lo hago podría estar bien.
Sin embargo, no me queda otra, la única forma de sacarte
que conozco es con lágrimas.

Ingresan nuevamente al auto y el poli
que se encuentra al volante no arranca.
Me ve con lástima, sabe que lloro por amor.
Nos vemos fijamente y sé que él también lo ha hecho
que pronto pasará, que al final de cuentas no es tan grave.

Se marchan y quedo nuevamente solo,
en el bordillo de un parking recordándote
y de repente nada me duele, ni el aire,
ni el frio, ni los autos. No te has ido,
no he dejado de sentirte,
pero he empezado a olvidarte.

Añoranza

Quisiera verte un minuto
recordar tu sonrisa,
tu burda manera de referirte a mí.

Que tu mirada me confiese
que me quieres
que me pida que vuelva a ti.

Quisiera que cualquier sistema
de tu cuerpo, cualquiera que sea,
me indique que me extrañas.

Miércoles en la mañana

Ya casi es jueves
y ayer, un día antes
de ayer y el pasado a ese
te extrañé.

Espero mañana empezar a dejar de hacerlo.

La lección más importante

Me enseñaste que los temas
de conversación van en automático,
que no importa cómo vaya la vida,
si al final del día tú estás ahí.

Me enseñaste que si no hay más que hablar,
basta con el silencio, que la lluvia tiene magia
solo si estamos juntos.

Me enseñaste a nunca pedirte nada
pero estar dispuesto a recibir todo,
a leer mientras estabas ocupada
sin sentirme ignorado,
a hacer el amor sin quitarnos la ropa,
a besar como si luego muriéramos.

Me enseñaste todo eso
y aun no aprendo
la lección más importante…

¿Cómo se vive sin ti?

Mi mayor duda

¿Cómo dejo que el tiempo pase sin que me duelas?
cómo lo retengo para no dejar
en tus manos esos segundos
donde intercambio oxigeno por tus recuerdos.

¿Cómo permito que la vida corra sin sentir que te llevaste el universo?
cómo demonios me cuento que después de ti,
de todo dolor: siempre estaré yo.

Nada personal.

Dejar de coincidir contigo
sería la mejor de mis suertes.
¿A quién engaño?
verte, es el único motivo por el que sigo vivo.

Nadie me contó de pequeño,
que así se sentía tener un fénix dentro del pecho,
mucho menos que dolía tanto ver
como se volvía cenizas.

¿Que si siento? Siento tanto,
que definir el caos que hay
en esta alma oscura y fantasmal
seria exponer en este poema
mis entrañas.

Te veo pasar y todos los nervios
que enlazan mis ojos con mi corazón,
solo traducen el dolor.

¿Que si me duele?
No puedes pedirle a un cuerpo roto
que vuele,
    que corra,
        que camine.

Me consuela raptar,
arrastrarme hacia ti
porque no hay camino después de ti,
porque la vida se ha acabado,
se ha vuelto polvo sin tu estancia en ella.

Ya los niños
que jugaban en el patio de atrás de mi cerebro,
se han callado, ya no le llaman amor al tiempo,
ya solo ven como demuelen
de la nada un bello sentimiento.

Solo me queda resignarme
entender que te he perdido.

Pero ¿cómo?
Dime cómo le explico a un corazón
que siempre fue tuyo
que tu corazón nunca será mío.

Las consecuencias de lo nuestro

Noches eternas, días efímeros,
lágrimas, dolor en el pecho,
pequeñas asfixias.

Son síntomas de una enfermedad que lleva tu nombre,
que se agudiza en las madrugadas,
que no me permite la idea de seguir con vida.

No es justo que duela tanto,
que el costo de enamorarse sea tan alto
que tengamos que pagar a cuotas
de depresión, tristeza y ansiedad
lo que nos quedó por amar.

Quitadme este peso de encima,
lo aborrezco, me da nauseas
no vale la pena mi sentir.

Me rindo, dejadme en paz por un momento.
Entrego mi corazón y mis entrañas
si después de ello, todo esto, deja de doler.

Enseñadme de dónde se apagan las emociones,
dónde se sitúa aquel botón que me permite aceptar
la cobardía de no poder afrontar,
lo que significa amar.

Yo, siempre yo

Cuando me falte compañía no pensaré en ti.
   Pensaré en mí.
Un personaje sombrío, un poco roto, de seguro un tanto corriente.

La diferencia, además de la obvia, es que yo siempre estaré para mí.

Si no te hubiese conocido

Si no te hubiese conocido,
mi vida no sería lo que ahora es.

Ni Dios, ni los libros,
ni mucho menos otras mujeres,
lograrían la simetría con la cual
rasgaste el amor que te tenía.

Si no te hubiese conocido,
nunca me preguntaría
si la sangre no te hierve
al recordar cuánto dolor
me causaste.

Si no te hubiese conocido
ni Dios, ni los libros,
ni mucho menos otras mujeres,
me hubieran roto el corazón
como tú lo hiciste.

Ya no te amo

¿Cómo decirte que ya no te amo?
que te he olvidado,
que tu sonrisa ya no me inspira,
que tu boca ya no me conmueve,
que tus palabras ya no me quiebran,
que tu piel ya no la percibo.

¿Cómo decirte que ya no te amo?

Si lo sigo haciendo.

El ego

Me hizo amarte a medias,
a la medida de mis vacíos:
sin pretender llenar los tuyos.

Aquella camiseta

Se está deteriorando
aquel artilugio que uso ahora,
solo los domingos en la tarde
para eludir la soledad.

Está a punto de extinguirse
y no se llevará tu recuerdo, a pesar
de ponerle siempre en lavado rápido,
temo que pronto perderá tu aroma.

Aún recuerdo cómo te veías,
aún recuerdo tu pretexto de comodidad,
aún recuerdo que fue la forma
en que rehuías del temor de no sentirme
cuando todo se acabara.

Ahora que el futuro se volvió presente,
y el "nosotros" solo se conjuga en pasado,
aquella prenda es mi único recuerdo,
lo poco que me queda, tu piel misma.

¿Qué voy a hacer cuando no esté?
Buscaré otra. Que ojalá hayas tocado,
para tener una excusa de seguir recordándote.

Una mejor poesía

Cuando se cierra un ciclo,
cuando el duelo deja de ser duelo,
cuando la vida al verte
deja de detenerse.

No puedo dejar de pensarte,
no dejo de sentirte,
no dejo de mojar mis recuerdos
en un manantial de agua extinta
donde solo quedan rocas, lodo y basura
de lo que pudo ser.

No puedo olvidarte si te sigo pensando,
no puedo tocar otras pieles,
besar otras bocas si aun evoco la tuya.

A mi pesar, abandonar el camino,
aceptar el fracaso,
recoger los restos de lo que me compone,
volverlo a intentar…
Hará del amor nueva poesía, una que no duela
o que duela de mejor modo.

No sé por dónde empezar a explicarlo

Tal vez por aquella noche de año nuevo
donde al darme una pausa de saludar
a los míos, faltabas tú.

Debería empezar en las tardes,
noches, madrugadas y mañanas
donde no paraba de pensarte.

Tal vez debería empezar contando
los besos nunca dados,
tu maldita costumbre de morderte los labios,
mi manía de temblar mientras esperaba
su reperfusión.

Debería empezar contando que tus brazos,
le pertenecen a otro que no te merece
aunque nunca te lo dije y siempre te apoye.

Tal vez debería explicar por qué hoy,
mi alma se siente sola o mejor, nunca empezar
esta historia.
Porque estar juntos: fue poner en bucle la canción de mi corazón,
esperando que se convirtiese en tu favorita.

Debería empezar contando, lo obvio,
que no te tengo y ese es el hueco por el que
respiro.

Tal vez debería decir que yo no era el indicado,
pero si quería hacerte muy feliz.

El final

Confío en que estés bien.
te quiero, espero nunca lo dudes,
ama mucho y sé feliz.

Por último.
Deseo que pronto me dejes de doler.

Fin.

*"Sólo los años, la soledad y el dolor
le mostrarían el camino
para convertirse en escritor."*
— Mario Mendoza
Apocalipsis

Índice

Agradecimientos y dedicatoria — 7
Carta del autor — 9

CAPITULO I. El enamoramiento — **11**

Bienvenidos — 13
La historia de una mujer que, quizá, solo mi poesía puede contar — 14
Expectativas — 15
La paz — 16
Alguien como yo — 17
Pensarte — 18
Por tu mirada — 19
Simulacros — 20
Sempiterno — 21
Ojalá — 22
Así — 23
Empecé a quererte — 24
In-seguridad — 25
Mi mayor miedo — 26

CAPITULO II. La duda — **27**

Ladrón de historias — 29
Dudamor — 30
Certezas — 31
Caudillo — 33
¿Por qué? — 34
Lo que queremos — 35
Miedo y distancia — 37
Cerrado por derribo — 38
Cantidad/Calidad — 39
Por culpa de la poesía — 40

De principio a fin	41
La historia de un amor bien resuelto	42
Futuralgia	44
La diferencia entre y tu yo	46

CAPITULO III. La vida — 47

Esto no es un poema	49
Sin tiempo de descuento	52
A quien corresponda	53
Un día mas	54
Los clavos	55
Libertad	57
Conocerme	58
Escribo	59
Amores imposibles	60
Influenciador	62
El rechazo	63
¿Cómo entender?	64
Pasos para crear un corazón de piedra	65
Alma de boxeador	66
Hay que marcharse	67
Literatura juvenil	69
¿Dónde encuentro la felicidad?	71
La chica del metro	73
El eje de un mundo	75
La culpa es de la lluvia	76
Indicación de psicoterapia	78
Para ser grande	80

CAPITULO IV. El amor — 81

Mis poemas	83

El sabor del amor	84
Empecé a quererte	85
Mientras estés	86
¿Cómo te digo?	87
Alguien mas	89
El amor	90
Mundos diferentes	91
No te reconozco	93
Decepción	94
Se nos ha terminado	95
La estupidez humana	96
Quien iba a pensarlo	98

CAPITULO V. *La transición*   99

¿Qué rayos pasa conmigo?	101
Sanarnos	103
La luna	104
Tú	105
Mensaje directo	106
El tiempo todo lo cura	108

CAPITULO VI. *El desamor*   109

Mi primera vez	111
Aprendí a quitarle el tiempo a los segundos	**112**
Mi corazón	113
Camino a olvidarte	114
Añoranza	116
Miércoles en la mañana	117
La lección más importante	118
Mi mayor duda	119

Nada personal. 120

Las consecuencias de lo nuestro 122

Yo, siempre yo 123

Si no te hubiese conocido 124

Ya no te amo 125

El ego 126

Aquella camiseta 127

Una mejor poesía 128

No sé por dónde empezar a explicarlo 129

El final 130

Made in the USA
Columbia, SC
16 June 2024